Pour les Églises

DISCOURS

Prononcé à la Chambre des Députés le 16 Janvier 1911

PAR

M. MAURICE BARRÈS

de l'Académie Française

Député de Paris

PRIX : **15** CENTIMES

ÉDITION DE *L'ÉCHO DE PARIS*

6, Place de l'Opéra, 6

1911

Pour les Eglises

❖ ❖

La brochure de propagande contenant l'admirable **discours** de M. Maurice Barrès, discours complété par une série **de notes** qui ajoutent encore à son intérêt, sera mise à la **disposition de** nos lecteurs et abonnés aux conditions suivantes :

PRISE DANS NOS BUREAUX

La brochure.........................	15 centimes
Par 100 exemplaires..................	14 fr. les 100 ex.
Par 500 exemplaires..................	60 fr. les 500 ex.
Par 1.000 exemplaires...............	110 fr. les 1.000 ex.

ENVOYÉE FRANCO A DOMICILE

La brochure.........................	20 centimes
Par 100 exemplaires..................	15 fr. les 100 ex.
Par 500 exemplaires..................	70 fr. les 500 ex.
Par 1.000 exemplaires...............	125 fr. les 1.000 ex.

Pour les Églises

Discours prononcé à la Chambre des Députés
LE 16 JANVIER 1911

PAR

M. MAURICE BARRÈS
de l'Académie Française, Député de Paris

M. LE PRÉSIDENT. — Nous arrivons au budget du ministère de l'Intérieur. La parole est à M. Maurice Barrès dans la discussion générale.

M. MAURICE BARRÈS. — J'ai adressé, il y a quelques mois, une lettre publique (1) à M. le Président du Conseil, pour lui signaler les dangers que courent nos églises depuis la loi de séparation et pour lui demander quelles mesures il songe à prendre afin de protéger la physionomie architecturale, la figure physique et morale de la terre française. (*Très bien ! Très bien ! à droite.*)

La réponse publique qu'il m'a fait l'honneur de m'adresser ne contient pas une solution claire, rassurante, décisive.

Les églises continuent de s'écrouler.

La liste est longue de celles qui jonchent le sol de leurs matériaux. Et ce désastre ne peut que s'étendre, à mesure que les années viendront, car aujourd'hui les églises profitent encore du bon entretien que le régime concordataire leur assurait, mais la pluie, la neige, les hivers vont faire leur besogne. Ajoutez que sur bien des points de nos campagnes on est trop pauvre pour soutenir l'église et que sur

____

(1) Voir les notes à la fin de la brochure.

d'autres elle est minée par les manœuvres de sectaires acariâtres et virulents.

Comment protéger nos églises contre les saisons, contre la pauvreté et contre les sectaires ? C'est un des plus graves problèmes laissés en suspens dans le nouveau régime des cultes.

Cette solution que la loi ne donne pas, on la cherche partout, d'une façon spontanée, en dehors du Gouvernement. Depuis que nous n'avons plus de Concordat, il s'en ébauche, des formes les plus variées, dans chaque commune de France. De tous côtés, la municipalité « propriétaire » et le prêtre « occupant sans titre » engagent des conversations. Mais quelles conversations ! trop précaires et sur des données trop incertaines. Autour des églises, d'un bout de la France à l'autre, c'est une anarchie. Vos préfets prennent des décisions contradictoires. La pensée gouvernementale semble encore en formation.

Monsieur le Ministre, je n'avance rien là que je ne puisse prouver. J'ai fait une longue enquête à travers le pays... Je vais en résumer les résultats devant la Chambre. Puis je dirai pourquoi, à mon avis, chacun de nous doit vouloir, en dehors de toute préoccupation confessionnelle, que les églises demeurent debout. Ces deux points seront toute mon intervention que je tâcherai de faire brève.

Tout d'abord, pour qu'on ne m'accuse pas de dramatiser la situation et pour rester dans l'exacte vérité, hors de laquelle il n'y a rien qui puisse intéresser cette assemblée, je tiens à bien affirmer que nulle part la bonne volonté des catholiques pour l'entretien des églises ne fait défaut, et que, Dieu merci ! dans le plus grand nombre des communes, les conseils municipaux, reconnaissant à l'église de leur village le caractère de propriété communale que lui a donné la loi, cherchent à la maintenir, comme les autres édifices communaux, dans la mesure de leurs ressources.

Mais cette bonne volonté, que je salue, n'est pas unanime. Sur un grand nombre de points, l'église est entourée de partis-pris d'ordre politique, dangereux pour elle et qui s'échelonnent par degrés depuis l'inertie et l'immobilité peu bienveillantes jusqu'à l'agression ardente.

Cet immense détail, quel qu'en soit l'intérêt, il n'est pas possible que je l'apporte à la tribune. Du moins les diverses situations sur lesquelles je désire appeler votre attention, je puis les classer dans un petit nombre de catégories, et de chacune de celles-ci je vous donnerai des exemples typiques. Je ne vous citerai qu'une dizaine de cas, mais veuillez vous rappeler, Messieurs, qu'ils en représentent des centaines que j'ai là dans mon dossier.

Le premier groupe que je veux vous signaler, c'est celui des municipalités qui, sans prétexte valable, se refusent à rien dépenser pour maintenir l'église devenue leur propriété. De cette catégorie, je ne peux pas donner un meilleur exemple que la commune de Lignières, dans l'Aube.

A Lignières, le maire a fait fermer l'église sous prétexte que la sécurité n'y était pas suffisamment assurée. Malgré de pressantes instances depuis quatre années, la municipalité ne veut rien faire. Et pourtant, de par la loi de séparation, cette commune s'est enrichie d'une somme considérable de quinze mille francs qui appartenait à la fabrique et qui rapporte environ 363 francs avec lesquels on pourrait parer au mal.

Il est d'autres communes où les catholiques s'offrent à faire une partie des dépenses et se bornent à demander au Conseil municipal qu'il fournisse l'appoint nécessaire pour sauver l'édifice devenu propriété municipale.

Croirait-on qu'il y a de nombreuses municipalités pour se refuser à cette collaboration ? A Souvigné, dans le département des Deux-Sèvres, le conseil municipal avait résolu de détruire le clocher. « Eh bien, dirent les fidèles, pour cette besogne stérile, pour cette destruction, vous allez dépenser de l'argent. Permettez-nous de compléter de notre poche la somme que vous êtes prêts à sacrifier ; nous arriverons ainsi à faire la somme nécessaire pour une restauration. Vous ne dépenserez rien de plus que ce que vous avez voté et notre commune en sera plus riche ; elle gardera sa propriété en même temps que nous autres catholiques, nous aurons un lieu de culte. » Le Conseil municipal refusa. Alors les catholiques proposèrent de prendre à leur charge toute la dépense. On voulut bien accepter. Ils eurent de la chance ! Car vous allez voir qu'il y a des conseils municipaux où leur sacrifice eût été bel et bien repoussé.

En effet, nous arrivons à une troisième catégorie de faits que nul homme de bons sens ne voudrait croire exacts si l'on n'était à même d'en apporter des preuves. Vous allez voir des conseils municipaux qui, non contents de se refuser à voter aucun argent pour les réparations les plus **urgentes**, vont jusqu'à interdire aux catholiques de faire à leurs frais ces travaux (2).

A Méricourt, dans le Pas-de-Calais, des réparations ont été reconnues nécessaires. Le curé a offert de les effectuer avec ses moyens. Le Conseil municipal a refusé et lui a défendu de toucher à l'église.

A Buxeuil, dans l'Aube, même cas : le curé offre de se charger des réparations ; il accepte les dures conditions proposées par le Conseil ; il présente pour cautions les habitants les plus honorables et les plus solvables, mais le maire en fin de compte interdit toute réparation.

A Ville-sur-Arce (Aube), il n'y aurait presque rien à faire : une simple réparation à l'entrée de la nef. Le curé ne demande qu'à s'en charger. Mais le maire, qui a été poursuivi en dommages-intérêts pour avoir fait sonner les cloches à l'occasion d'un enterrement civil, croit trouver là une occasion de se venger. Il ordonne la fermeture d'une partie de l'église et il s'oppose aux réparations.

J'appelle avec confiance l'attention de la Chambre sur les cas de cette catégorie. Ils dénotent un esprit de tracasserie et de sectarisme qui ne peut être approuvé par aucun homme politique. (*Applaudissements à droite et au centre.*)

Dans des cas pareils, me dira-t-on, pourquoi les catholiques ne se tournent-ils pas du côté de l'administration ? N'est-elle pas là pour nous départager, pour rétablir infatigablement le bon sens, la paix, dans les fourmilières locales? Et puis elle a du tact ! (*Sourires.*) Ah bien oui ! Écoutez ce qui se passe à Saint-Gervais-sur-Couches, en Saône-et-Loire.

M. GERMAIN PÉRIER (*Saône-et-Loire*). — Cette commune est dans ma circonscription.

M. MAURICE BARRÈS. — Je n'ai pas visité, mon cher collègue, cette église ; mais les répertoires spéciaux la mentionnent comme une belle église romane. Des réparations y sont nécessaires. Les catholiques offrent d'en couvrir les frais. La municipalité ne leur répond pas.

M. GERMAIN PÉRIER. — La municipalité est toute prête, au contraire, à leur donner satisfaction. Vous êtes mal renseigné en ce qui concerne cette commune ; car la municipalité n'est pas du tout hostile à la réparation de l'église (3).

M. MAURICE BARRÈS. — Mon cher collègue, la Chambre voudra bien me croire : les cas que je lui apporte et que j'ai triés entre des centaines d'autres, je les ai soumis, selon mes moyens, à l'enquête la plus complète.

M. ARISTIDE BRIAND, *président du Conseil, ministre de l'Intérieur et des Cultes.* — Il faut se méfier.

M. MAURICE BARRÈS. — Oh ! croyez bien que je me suis méfié même avant d'être à la tribune. Je me suis méfié dès l'instant où je me décidais à apporter ici des faits et des noms propres. Quand j'accueillais et contrôlais les dires de mes correspondants, je me représentais nettement que je trouverais ici, en face de moi, des contradicteurs. Qui nous départagera ?

M. GERMAIN PÉRIER. — Si, à Saint-Gervais-sur-Couches, les autorisations nécessaires n'ont pas été données, le retard ne peut être imputé qu'au sous-préfet de l'époque dont je connais la manière de voir en matière de questions religieuses et qui a voulu faire du zèle, mais je puis vous certifier que le maire de Saint-Gervais-sur-Couches, que j'ai l'honneur de connaître, n'est pas du tout opposé à ce qu'on répare l'église, bien au contraire !

M. DUCLAUX-MONTEIL. — Ce n'est pas un sectaire.

M. MAURICE BARRÈS. — Vous remarquerez que j'emploie ce cas pour prouver que, sur certains points, il y a mauvaise volonté de la part de l'administration. Je veux démontrer qu'en ce qui touche cette question des églises, la pensée du Gouvernement est encore en formation. (*On rit.*)

A l'extrême gauche. — Comme sur bien d'autres.

M. MAURICE BARRÈS. — Elle est en formation ; je veux me persuader qu'aussitôt qu'elle aura pris forme elle nous donnera satisfaction. Pour l'heure, le curé de Saint-Gervais n'obtenant pas de réponse du maire — d'après mes documents — s'est tourné vers le sous-préfet et a demandé une visite d'architecte. Le sous-préfet lui a répondu : « Nous ne vous connaissons pas ; vous n'êtes qu'un tiers, vous n'avez pas qualité pour demander la visite d'un architecte. »

« Mais il y a danger, insiste le prêtre ; quelle marche dois-je suivre ? »

Et le sous-préfet de répliquer : « S'il y a danger, le maire seul a mandat pour le constater et pour me prévenir. »

Vous voyez la véritable scène de comédie ; vous voyez ce prêtre renvoyé par ce sous-préfet pince-sans-rire et beau diseur à ce maire sourd et muet. (*Rires.*) C'est une comédie. Mais elle a pour fond de décor...

M. LE PRÉSIDENT DU CONSEIL, MINISTRE DE L'INTÉRIEUR ET DES CULTES. — Le sous-préfet, dans la circonstance, n'a agi que conformément à son devoir. Il n'était pas possible d'accepter d'un tiers des propositions formulées dans les conditions que vous venez d'indiquer, car ce tiers n'avait pas qualité pour faire appeler l'architecte chargé par la municipalité de surveiller l'édifice communal, pour arrêter avec lui le devis des réparations qui pouvaient être nécessaires. La personnalité qui est qualifiée pour agir ainsi est le maire : c'est à lui que l'offre de concours doit être régulièrement transmise.

A *gauche.* — Parfaitement.

M. LE LIEUTENANT-COLONEL DU HALGOUET. — Si un architecte ne visite pas l'église, comment les fidèles pourront-ils faire une offre de concours ?

M. MAURICE BARRÈS. — Je ne désire et nous ne désirons tous que voir clair : je suis absolument d'accord avec M. le Ministre et avec ceux d'entre vous qui disent : « Parfaitement » ; mais si nous étions en commission pour préparer la loi, je demanderais que cette situation de Saint-Gervais fût retenue, examinée, réglée. Un maire refuse de demander la visite d'un architecte ; il faut qu'il y ait un appel possible. Car voilà un cas que l'on reverra trop souvent : un maire, par négligence ou mauvaise volonté, s'abstenant de convoquer l'architecte, le curé se tournant alors vers le sous-préfet et le sous-préfet répondant : « Je n'y peux rien ; débrouillez-vous avec votre maire. » Pendant ce temps et comme fond de scène, des paysans français, des fidèles, des contribuables, agenouillés sous une voûte en train de s'écrouler.

Au reste, j'ai tort de m'indigner. Je comprends que mon rôle est moins de vous apporter mon sentiment que des renseignements. Eh bien, continuons de voir comment l'administration élève le mutisme à la hauteur d'un système.

Laissez-moi vous lire une note significative qui me vient du maire de Messei, dans l'Orne :

« Depuis le mois de mai, alors que quatre architectes ont donné leur avis formel tendant à la reconstruction du clocher qui constitue un danger public ; alors que le maire a multiplié ses instances auprès de l'administration ; alors que la saison rend les travaux de plus en plus difficiles, la commune ne peut obtenir l'autorisation préfectorale pour faire la dépense que le conseil municipal, d'accord avec une population entièrement catholique, a votée. »

Et quel est ce maire ainsi traité ? C'est un des doyens du Parlement français ; c'est notre éminent collègue du Sénat, M. de Marcère.

M. LE PRÉSIDENT DU CONSEIL. — Jamais je n'ai rien...

M. MAURICE BARRÈS. — Permettez ! C'est M. de Marcère lui-même qui m'a donné cette note en me disant : Il serait peut-être instructif de montrer comment un des doyens des mairies françaises est traité.

D'ailleurs, Monsieur le Président du Conseil, voulez-vous me permettre de vous citer mon cas ? Je n'ai pas été plus heureux que M. de Marcère. Le 15 novembre 1910, je vous ai écrit pour attirer votre attention sur le mémoire à vous adressé par Monsieur le Curé de la paroisse de Reterre, dans la Creuse.

Ce prêtre a réuni les fonds nécessaires pour reconstruire son église ; il est d'accord avec son conseil municipal, mais il ne peut pas arriver à obtenir de l'administration l'autorisation de commencer les travaux. Votre préfet se tait. Vous vous taisez. Où est le Gouvernement ?

M. PRADET-BALADE. — Il fallait commencer les travaux quand même.

M. MAURICE BARRÈS. — Un exemple encore du mauvais vouloir de l'administration. Ecoutez l'histoire du maire de Lapenche.

Ce maire d'une commune de Tarn-et-Garonne a rêvé la démolition d'une église isolée, Sainte-Eulalie, plus spécialement consacrée au culte des morts. Cette église ne menace pas ruine. Bien que vieille de plusieurs siècles, elle est en bon état. Le maire voudrait un décret de démolition. Il s'adresse au préfet qui lui répond textuellement : « Il vous appartiendra... de faire prendre par votre conseil municipal une délibération prononçant la désaffectation de la chapelle de Sainte-Eulalie. » Cette délibération est prise, et le 16 janvier 1910, le conseil municipal décide que l'église de Sainte-Eulalie sera démolie. Peu de jours après, le maire de Lapenche, en écharpe, accompagné de son adjoint, de deux conseillers municipaux, d'une escouade de ses partisans, du garde champêtre et de deux gendarmes, arrivait à l'église avec un entrepreneur de travaux de maçonnerie muni de charrettes, d'échelles, de cordes et de pics. Mais l'alarme est donnée ; les catholiques se massent devant leurs vieux murs et, spectacle charmant, ce sont les deux gendarmes qui, pleins de bon sens, calment le magistrat. (*Rires à droite et au centre.*)

M. LENOIR. — Ce sont des racontars chez le curé !

M. MAURICE BARRÈS. — Eh ! mon cher collègue, je défends ici des citoyens français. (*Très bien ! Très bien ! à droite et au centre.*)

M. JACQUES DUMESNIL. — Romains.

M. MAURICE BARRÈS. — Vous ne partagez pas leur manière de voir ; mais ne suis-je pas dans mon rôle, dans ma vérité en apportant ici cette défense ? (*Applaudissements à droite.*)

M. LENOIR. — Il faudrait que quelqu'un pût prendre la défense du maire (4).

M. RAFFIN-DUGENS. — Ce sont ceux que vous défendez qui ont commencé jadis. (*Exclamations à droite.*)

M. PIERRE LEROY-BEAULIEU. — Où sont les dragonnades et l'inquisition ?

M. LENOIR. — Rappelez-vous cet enterrement, il y a quelques jours, où le curé déblatérait contre la mémoire du défunt. Vous verrez où sont les sectaires.

M. MAURICE BARRÈS. — Liguons-nous pour combattre les sectaires, où qu'ils se trouvent. (*Applaudissements à droite et au centre.*)

Enfin, pour finir cette énumération qui était nécessaire afin de donner une base réelle à mon argumentation, écoutez le cas de Brue-Auriac, dans le Var. Vous y surprendrez, comme trois mains dans le même sac, la triple action injustifiable de la municipalité, du préfet et du Gouvernement.

Le décret de désaffectation de l'église de Brue-Auriac a été demandé et obtenu le 22 juin 1908 à l'insu du curé et des catholiques. Ce décret est illégal, nul et de nul droit, ayant été pris par le Ministre des Cultes, alors qu'il devait être rendu en Conseil d'Etat et après mise en demeure dûment notifiée. Cette illégalité flagrante n'émeut pas le préfet. (*Exclamations ironiques à gauche.*)

Je comprends, messieurs, que vous soyez choqués... Le préfet répond en substance : « L'autorité ne revient jamais sur sa décision. (*Rires à droite et au centre.*) Votre église est désaffectée. Une seule solution est possible, c'est que vous nous rachetiez cette église. Mais, d'avance, soyez convaincus que nous ne la vendrons qu'à beaux deniers. »

Alors les catholiques ont offert de se charger de la restauration de l'église, évaluée à 6.300 francs par les architectes. Mais la municipalité, qui voyait là une bonne occasion de se faire de l'argent, exigea qu'on lui remît en outre une prime de 5.000 francs, 5.000 francs, c'est une somme ! C'était là une véritable tentative d'extorsion de fonds. Les catholiques s'y résignèrent, mais ne purent offrir que 2.000 francs. La municipalité n'a rien voulu rabattre. L'église de Brue-Auriac demeurera fermée, comme l'est, à côté, l'église du village de Seillans, qui ne fut rouverte qu'un jour depuis 1907 pour en faire sortir les fonts baptismaux que la municipalité voulait transformer en auge à cochons. (*Exclamations à droite et au centre. -- Mouvements divers.*)

M. LE PRÉSIDENT DU CONSEIL. Voulez-vous me permettre de vous donner un renseignement sur la situation de cette ancienne église ?

Vous avez dit, monsieur Barrès, qu'elle avait été désaffectée par un décret illégal en ce qu'il n'avait pas été pris en Conseil d'Etat. Mais pour vous prononcer ainsi vous ignorez certainement que ce décret s'appliquait à une église fermée antérieurement à la loi de séparation, qui ne servait plus à l'exercice du culte depuis 1898, date à laquelle l'accès en avait été interdit par mesure de sécurité publique. Le décret de désaffectation a donc été pris conformément aux prescriptions de la loi de 1905.

Je vous devais ces explications, parce que la façon dont vous parlez de cette désaffectation tendrait à faire croire que cette ancienne église était ouverte au culte, que, sans raison légitime, on l'a désaffectée par un décret illégal, et qu'ainsi une œuvre de sectarisme a pu s'accomplir. Eh bien! non, il n'y a eu ni acte illégal ni œuvre sectaire. Je tiens à répéter que depuis 1898 l'édifice dont il s'agit ne servait plus au culte, et que l'accès avait dû en être interdit, depuis cette date lointaine, pour sauvegarder la sécurité publique (5). (*Très bien ! Très bien ! à gauche.*)

M. MAURICE BARRÈS. — Le décret de désaffectation a été pris le 22 juin 1908 et c'est toutes ces années-ci que les catholiques voulaient utiliser leur église.

A l'extrême gauche. — Pourquoi pas avant ?

M. MAURICE BARRÈS. — Approuvez-vous des municipalités qui prétendent que les fidèles pour avoir le droit de dépenser leur argent dans l'église, auront tout d'abord à verser une prime ? Non. Eh bien ! cela prouve que la situation de nos églises est incertaine et dangereuse. On pourra épiloguer sur chacun des cas ; mais il est trop certain qu'il y a un péril vrai et grave derrière ces exemples.

M. LÉON PERRIER (Isère) *et plusieurs de ses collègues.* — Très mal choisis !

M. MAURICE BARRÈS. — Alors, vous trouvez naturel qu'une municipalité exige une prime de 5.000 francs pour autoriser la réparation d'une église ?

A l'extrême gauche. — La question n'est pas là !

M. MAURICE BARRÈS. — Je vous demande pardon, la question est là ! (*Interruptions à l'extrême gauche.*)

Nous avons tous l'habitude des réunions publiques et nous savons qu'on peut toujours par des rumeurs et des négations pures et simples s'efforcer de détruire un argument dans les mains de celui qui l'emploie. Mais laissez-moi mettre ces faits au *Journal officiel*, ils ont leur valeur et ils guideront les réflexions des hommes sincères. Je ne crois pas que personne puisse dire, après de tels faits bien examinés, après de tels échantillons, que la situation est satisfaisante et qu'il n'y a rien à faire. (*Applaudissements au centre et à droite.*)

Cependant cette situation met en gaieté un certain nombre de nos administrateurs. Le sous-préfet de Clermont, dans l'Oise, reçoit une délégation des habitants de Cinqueux navrés de la destruction de leur clocher par la dynamite. Il leur dit : « De quoi vous plaignez-vous ? Je vous ai fait des ruines superbes. Les étrangers vont venir les visiter. Mettez devant un tourniquet, et faites payer vingt sous d'entrée ; cela vous fera de l'argent. » (*Exclamations à droite.*)

Au centre. — Il faut le nommer préfet !

M. MAURICE BARRÈS. — Voilà comment des gens que nous payons tournent en dérision des sentiments que nous respectons. (*Très bien ! Très bien ! à droite et au centre.*)

M. LE PRÉSIDENT DU CONSEIL. — Mais le fait est-il exact ?

M. DALIMIER. — Où avez-vous trouvé ces paroles ? Dans quel document ?

M. FOURNIER SARLOVÈZE. — Le fait est parfaitement authentique, il a été publié dans tous les journaux du département et il n'a pas été démenti.

M. DELPIERRE. — Je représente l'arrondissement de Clermont et je n'ai jamais entendu parler de cette histoire.

M. MAURICE BARRÈS. — Mon cher collègue, je vous indiquerai ceux qui rapportent le fait (6).

M. DELPIERRE. — Je ne demande pas mieux.

M. LUCIEN VOILIN. — Est-ce une réponse écrite ?

M. MAURICE BARRÈS. — On me demande s'il s'agit d'une réponse écrite. O naïveté ! Non, ce n'est pas une réponse écrite sur du papier de la sous-préfecture, dûment paraphée du sous-préfet ; mais c'est la réponse qui a été faite à de braves gens.

M. EDOUARD VAILLANT. — C'est un racontar.

M. MAURICE BARRÈS. — Messieurs, je le demande au Gouvernement et je le demande à la Chambre. Prenez-vous votre parti de ces destructions ?

M. LE PRÉSIDENT DU CONSEIL. — Eh bien ! oui. Le clocher dont il s'agissait...

M. MAURICE BARRÈS. — Je vous vois venir. Ne déplaçons pas la question. Je sais à quel monstre de souplesse j'ai affaire (7). (*On rit.*) En rappelant la demande des catholiques de Cinqueux, j'ai voulu démontrer que le sérieux, le pathétique de cette question des églises, qui échappe à un certain nombre de nos collègues, échappe également à certains de vos administrateurs. Quand une démarche est faite auprès d'un fonctionnaire par des contribuables — j'emploie le mot « contribuable » dans l'idée qu'il aura ici plus de poids que le mot de « fidèle », — acceptez-vous que ce fonctionnaire les nargue ? Ah ! vous voudriez me parler du fond de la question ! Non, je cite le cas de Cinqueux uniquement pour vous prouver l'état d'esprit d'une partie de l'administration et l'irrespect d'un jeune fonctionnaire à l'égard de ce qui est vénérable. (*Applaudissements à droite.*)

M. LE PRÉSIDENT DU CONSEIL. — Ce qui fait l'objet principal de votre discussion...

M. MAURICE BARRÈS. — Il y a aussi quelque chose que je voudrais vous faire observer, monsieur le Président du Conseil, c'est que j'ai un caractère analogue au vôtre : je suis souvent tenté d'interrompre. Mais à ces moments-là M. le président de la Chambre ne manque pas de me dire : « Laissez, M. Barrès, vous aurez votre tour de parole. » Je vous dis aussi : laissez, M. le Président du Conseil.

M. LE PRÉSIDENT DU CONSEIL. — Alors, il ne faut pas me poser de questions.

M. MAURICE BARRÈS. — Comment ! Il ne faut pas vous poser de questions ! Alors, il ne faut pas être Président du Conseil !

M. LE PRÉSIDENT DU CONSEIL. — Si je vous ai interrompu, c'est parce que vous m'avez posé une question qui appelle une réponse immédiate.

M. MAURICE BARRÈS. — Je vous poserai une, deux, trois, quatre, cinq questions, et il y en aura une pour finir à laquelle je serai très honoré si vous voulez bien répondre, quand vous le jugerez à propos, et que j'aurai moi-même abandonné la parole. (*On rit.*)

Voilà des faits. J'en pourrais citer jusqu'à demain. Voilà quelques-uns des mille épisodes du grand fait général qui est voulu et préparé par plusieurs : la démolition de nos églises (8). Je devais mettre ces cas exemplaires sous les yeux de la Chambre pour justifier les considérations d'ordre moral qui vont faire l'objet de la seconde partie de mon discours.

Je viens vous demander, M. le Président du Conseil, — mais sans désirer que votre réponse m'interrompe et surgisse au milieu de mes explications : Prenez-vous votre parti de ces destructions ? Vous semble-t-il admissible que le caprice d'un jour et le complot d'une secte jettent bas ce qui est une œuvre des siècles et une des plus profondes pensées de notre pays, je veux dire cette immense végétation d'églises ?

Et qu'il n'y ait pas d'équivoque ! Je ne m'adresse pas au Sous-secrétaire d'État des Beaux-Arts, mais au chef du Gouvernement. Je ne viens pas parler pour les belles églises. Je veux croire aujourd'hui que leur beauté les préservera, ou plutôt — car mon enquête m'a prouvé que par centaines elles sont en danger — j'ajourne ce débat spécial. Aujourd'hui je vous demande la sauvegarde pour toutes les églises, pour celles qui sont laides, dédaignées, qui ne rapportent rien aux chemins de fer, qui ne font pas vivre les aubergistes... (*Eclamations ironiques à gauche. — Mouvements divers.*)

Je ne m'imposerai pas un seul instant de plus. Si je n'arrive pas à faire comprendre ma pensée, je suis prêt à abandonner la tribune. (*Parlez ! Parlez !*)

Les belles églises, par elles-mêmes, soulèvent des intérêts matériels dans un pays ; elles ont assez aisément des défenseurs ; elles font gagner de l'argent à l'aubergiste, au voiturier... (*Nouvelles interruptions à l'extrême gauche.*)

A droite. — Laissez donc parler !

M. LE PRÉSIDENT. — Messieurs, veuillez laisser M. Barrès mener sa discussion comme il l'entend. (*Très bien ! Très bien !*)

M. CHARLES BEAUQUIER. — Je demande la parole.

M. MAURICE BARRÈS — Je vous demande la sauvegarde pour toutes les églises, pour celles-là même dont personne ne dit : « Quelle belle salle de bal cela ferait, quel musée ! Il faut la conserver. » Enfin, je viens parler en faveur des églises qui n'ont pour elles que d'être des lieux de vie spirituelle.

J'ai hésité à me charger de cette tâche. Je me demandais si l'honneur de défendre les églises, je ne devais pas le laisser à ces collègues, éminents par leur talent de parole et par leur science juridique, qui appartiennent à un parti confessionnel (9). Mais il m'a paru que l'argument catholique qu'ils feront valoir risquerait de ne pas trouver ici un écho chez tous. Au contraire, je veux m'appuyer sur des sentiments que partage la quasi-unanimité de cette Assemblée. Oui, j'imagine qu'il y aurait moyen de produire en faveur des églises de France, plusieurs arguments qui peuvent, qui doivent être accueillis par chacun de nous à quelque parti qu'il appartienne. (*Très bien ! Très bien ! au centre et à droite.*)

Je me bornerai toutefois à l'une des raisons qui me persuadent le plus moi-même.

La pensée profonde qui m'attache aux églises, c'est une pensée qui est familière à tous les membres de la majorité. Je viens me placer au centre de votre programme. Cette pensée, cette thèse sur laquelle je veux m'appuyer, la démocratie moderne l'a héritée de la philosophie du dix-huitième siècle.

M. FRANÇOIS FOURNIER. — Ne soyez pas moderniste ! (*Exclamations à droite. — Mouvements divers.*)

M. MAURICE BARRÈS. — C'est votre thèse que tout homme a droit à l'épanouissement de toutes ses facultés (10). C'est la thèse qui relie les philosophes du dix-huitième siècle à notre démocratie moderne et que je croyais que chacun de nos collègues avait reçue — mais je vois qu'il y a des exceptions (*Très bien ! Très bien ! à droite*) — des penseurs de la démocratie, des Louis Blanc, des Michelet, des Victor Hugo. Elle peut paraître erronée : elle est généreuse, vraie en partie et pour les besoins de la discussion, je l'accepte. Partons de là ensemble.

Il s'agit d'assurer à chaque individu le plus complet rendement de sa personne. (*Très bien ! Très bien ! au centre.*)

Pour cet effet, vous comptez sur l'école.

Oh ! j'entends bien, sur l'école de demain, complétée par des œuvres postscolaires, suivies elles-mêmes — nous en avons vu l'essai — de cours populaires, de promenades dans les musées, de conférences dans les universités populaires, de tout un ensemble de créations qui, dans votre esprit, doivent encadrer, soutenir l'homme tout au long de sa vie et mettre à la disposition de chacun toutes les sciences et tous les instruments du savoir (11).

Eh bien, quand vous parviendriez à donner à tous les enfants du village le sentiment le plus juste de ce que sont les méthodes scientifiques, quand vous auriez pénétré de rationalisme tous les esprits, vous n'auriez pas donné satis-

faction à toutes les aspirations de l'homme. (*Applaudisse-*
ments à droite. — Mouvements divers.)

Je vous l'ai déjà dit, ne me plaçant ici aucunement à
un point de vue confessionnel, je ne songe ni à contester les
droits nécessaires de la raison, ni à humilier celle-ci devant
aucun dogme. (*Très bien ! Très bien ! au centre.*) Je dis sim-
plement qu'il ne faut pas compter sur le rationalisme non
plus que sur la science pour cultiver toute l'âme humaine.
Il y a une part dans l'âme, et la plus profonde, qu'ils ne
rassasient pas et qu'ils ne peuvent même pas atteindre.

Demandez plutôt aux chefs de ce mouvement de libre
pensée qui nous emporte. Allez rue Monsieur-le-Prince,
Auguste Comte y construisit une église. Allez là-bas, en Pro-
vence, vous y trouverez l'oratoire que Stuart Mill y éleva.
Stuart Mill, celui que Gladstone appelait le saint du radica-
lisme ! Tous ne construisent pas des oratoires, tous ne vont
pas jusqu'à donner une forme sensible à leurs aspirations
religieuses, mais tous, au terme de leurs travaux, ils trouvent l'inconnaissable et ne se résignent pas à vivre sans
aucune espèce de communication avec lui. Ils veulent l'atteindre, s'y abreuver. C'est un besoin profond de leur être.
Leur raison claire constate son impuissance et autorise alors
l'intervention du sentiment, du rêve, de la vénération, des
pressentiments, de l'intuition, bref de toutes les forces les
plus profondes de leur âme. (*Applaudissements au centre et
à droite.*)

M. BOUGE. — Voilà un magnifique langage.

M. MAURICE BARRÈS. — Cette inquiétude, cette tristesse,
cet inassouvi au milieu du laboratoire, c'est ce que Albert
Dürer a représenté dans cette sublime gravure de Melencho-
lia au-dessous de laquelle on pourrait écrire : Insuffisance de
la science pour contenter une grande âme. C'est l'aventure de
Faust, l'aventure de tous les Faust, des plus hautes et plus
savantes intelligences.

Et prenez bien garde, Messieurs, que cette émotion de
qualité religieuse, ces forces profondes orientées vers le mystère qui est au fond de toute réalité, elles existent chez chacun de nous.

Sans doute, le cours de la vie, la médiocrité et la fati-
gue des besognes quotidiennes nous empêchent, et nos ché-
tives aventures sont moins fécondes en réflexions que la

magnifique détresse de Faust et de Pascal. Cependant la naissance, la fondation d'une famille, la mort, les **extrêmes** malheurs comme les maladies inguérissables dont on a l'idée que l'on ne pourra pas sortir, le sens de l'injustice constante et continue de la vie ramènent l'attention du plus simple sur ce qu'il y a d'incompréhensible et d'implacable dans la destinée humaine. Le gémissement d'une vieille femme agenouillée dans l'église de son village est du même accent, traduit la même ignorance, le même pressentiment que la méditation du savant ou du poète (12). (*Vifs applaudissements.*)

C'est qu'aussi bien quelques notions de plus ou de moins n'y changent rien, nous sommes tous le même animal à fond religieux, inquiet de sa destinée, qui se voit avec épouvante, encerclé, battu par les vagues de cet océan de mystère dont a parlé le vieux Littré et pour lequel nous n'avons ni barque ni voile. (*Très bien ! très bien !*)

Sous le porche de l'église, chacun laisse le fardeau que la vie lui impose. Ici le plus pauvre homme s'élève au rang des grands intellectuels, des poètes, que dis-je ? au rang des esprits : il s'installe dans le domaine de la pensée pure et du rêve. Rien de fastidieux ni de bas n'ose plus l'approcher, et tant qu'il demeure sous cette voûte, il jouit des plus magnifiques loisirs de la haute humanité. Même la douleur s'efface dans le cœur des mères en deuil et fait place aux enchantements de l'espérance.

Ces grands états d'émotivité religieuse, vous croyez pouvoir les dédaigner (13), ne rien faire pour eux. Peut-être même croyez-vous pouvoir les anéantir... Vous le croyez parce que tels de vos maîtres (j'entends des maîtres de votre intelligence) vous y ont incités. Mais faites attention ! Aujourd'hui, ceux que vous reconnaissez pour vos maîtres ne vous disent plus cela. Bien au contraire ! Les tenants de la méthode expérimentale, ceux qui ont voulu l'appliquer même aux choses de l'âme et constituer une science psychologique vous disent que de ces parties profondes de l'être, de ce domaine obscur surgissent toutes les puissances créatrices de l'homme, toutes les intuitions, celles que la raison pourra contrôler, aussi bien que celles qui dépassent la raison.

Il y a tout au fond de nous un domaine, le plus riche

domaine d'aspirations confuses, un domaine obscur, et ces psychologues scientifiques le reconnaissent comme la nappe profonde qui alimente nos pensées claires. Les plus grandes et les plus fortes pensées dont nous prenons conscience sont comme des pointes d'îlots qui émergent, mais qui ont des stratifications immenses sous la mer.

De plus en plus, les esprits se tournent vers cette région subconsciente de l'âme.

Vous ne pouvez pas ne pas tenir compte de cette grande activité intérieure. Cette vie mystérieuse, cette conscience obscure, ce besoin du divin, c'est un fait et qu'il n'est pas en notre pouvoir d'abolir dans l'homme.

Que d'exemples saisissants je pourrais donner des exigences de cette vie profonde de l'esprit ! Et quand la Chambre sera amenée, comme je le prévois, à examiner « la question de la Sorbonne », je crois qu'il sera facile de montrer que ces étudiants qui se plaignent des savantes éruditions toutes sèches de leurs maîtres (éruditions par ailleurs fort intéressantes), ce sont des jeunes gens dont la vie profonde réclame une nourriture et qui souffrent (souvent à leur insu) de ce que l'on cultive en eux seulement la surface de l'âme. *(Applaudissements à droite et sur divers bancs au centre.)*

Mais, je n'insiste pas. Ces vérités appartiennent aujourd'hui à la masse des esprits. Et je n'aurai pas besoin d'un plus long raisonnement pour vous montrer qu'elles éclairent et règlent complètement le sujet qui nous occupe.

Cette conscience obscure, en effet, c'est elle qui a voulu l'église du village et qui continue à la vouloir. comme c'est elle qui a déchaîné l'inquiétude de Faust et fait ouvrir la chapelle d'Auguste Comte et l'oratoire de Stuart Mill.

Eh bien ! une fois les églises de nos villages jetées par terre, avec quoi donnerez-vous satisfaction à tout ce monde d'aspirations auxquelles nos églises répondent ? où cultiverez-vous ces facultés de la vie émotive qui s'abritent, s'affinent et s'apaisent depuis des siècles dans l'Eglise ? où trouverons-nous, si l'Eglise est fermée, cette satisfaction qu'elle donnait à l'inquiétude mystique, cet apaisement de l'angoisse profonde et, pour tout dire d'un mot, cette espèce de discipline du fond redoutable de l'âme ? (14).

Oui, Messieurs, le fond religieux est à la fois très fécond et très redoutable, et l'Eglise y met une discipline.

Pour quiconque a médité sur ces abîmes de la vie sous-consciente, l'Eglise demeure ce que l'homme a trouvé de plus fort et de plus salubre pour y porter l'ordre. Seule aujourd'hui, elle répond encore aux besoins profonds de ceux-là mêmes qui semblent les plus réfractaires à son paisible rayonnement. Seule elle étend ses pouvoirs jusqu'à ces régions « où, comme dit Gœthe, la raison n'atteint pas et où cependant on ne veut pas laisser régner la déraison ».

J'entends bien quelqu'un sur ces bancs qui me dit que dans certains cantons de notre pays, pratiquement, le peuple semble se désintéresser de l'Eglise.

M. JACQUES-LOUIS DUMESNIL. · Oui.

M. MAURICE BARRÈS. — Eh bien, mon cher collègue, veuillez y réfléchir : le simple fait que ces murailles chargées de sensibilité orientent très vaguement, d'une manière insuffisante, mais enfin orientent la pensée, est un élément inappréciable de la philosophie du village (15). (*Très bien ! Très bien ! à droite.*)

Il y aurait beaucoup d'inattendu, si la vieille Eglise disparaissait du milieu des maisons qu'elle domine.

Ecoutez ce que vous disent le prêtre, le pasteur et le médecin de campagne. Ils s'accordent pour affirmer, pour constater que le terrain perdu par le christianisme, ce n'est pas la culture rationaliste qui le gagne, mais le paganisme dans ses formes les plus basses : c'est la magie, la sorcellerie, les aberrations théosophiques, le charlatanisme des spirites. (*Protestations à gauche.*)

Messieurs, je ne vous dis pas : voilà ce qui est partout, j'appelle votre attention sur ce fait qu'à mesure que le catholicisme disparaît du village, on ne voit pas surgir des hommes munis de cette méthode scientifique qui vous est chère. Eh ! non, on voit réapparaître çà et là, chez beaucoup d'êtres, je ne dis pas chez tous, la magie, la sorcellerie, les aberrations théosophiques, le charlatanisme des spirites...

(*Nouvelles protestations à gauche.*)

M. DALIMIER. - Où avez-vous vu cela ?

M. MAURICE BARRÈS. — J'ai vu tel instituteur qui faisait tourner des tables. (*Exclamations à gauche.*)

Je suis étonné que vous ne me permettiez pas de nuancer mon tableau. (*Parlez ! parlez !*) Je ne viens pas vous apporter, — ne soyons pas si simplistes — un grief de plus au dossier des instituteurs. (*Réclamations à gauche et à l'extrême gauche.*)

M. DALIMIER. — Il n'aurait pas plus de valeur que les autres.

M. CHARLES BENOIST, *se tournant vers la gauche*. — Mais vous êtes en train, vous, de ressusciter le tabou pour les instituteurs ! (*Rires au centre.*)

M. MAURICE BARRÈS. — Il est intéressant de chercher à comprendre les divers étages du sentiment religieux dans la population française. Je puis vous citer tel village du Midi, dans la partie de l'arrondissement d'Agen qui confine au Tarn-et-Garonne, où l'on place dans le cercueil les souliers du mort et de l'argent, les souliers pour qu'il puisse aller au bout de son voyage, l'argent pour qu'il soit à même de donner une satisfaction à la divinité infernale. (*Mouvements divers.*)

M. LÉON PERRIER (Isère). — La religion chrétienne est pleine de ces superstitions. Voyez saint Expedit !

M. CÉSAR TROUIN. — Et saint Antoine de Padoue ?

M. MAURICE BARRÈS. — Je vous cite ce menu détail, qui fait image, pour vous montrer à quel point, sous une épaisseur plus ou moins forte de christianisme, demeurent d'obscures survivances du paganisme, toute une barbarie prête à remonter à la surface, des débris du passé, des détritus de religion, auxquels la civilisation n'a aucun intérêt à laisser la place libre.

L'église du village assainit le sol au milieu duquel elle est plantée. (*Exclamations à l'extrême gauche. — Applaudissements au centre et à droite.*) Ceux qui veulent la jeter bas croient, je suppose, qu'ils vont élever les paysans à un état supérieur, à une spiritualité plus haute, mieux épurée.

Un membre à gauche. — Parfaitement !

M. MAURICE BARRÈS. — Bien ! J'appelle leur attention sur ce point très important : s'ils examinent l'état des choses avec soin, ils verront leur erreur. C'est une régression qu'ils préparent. (*Très bien ! Très bien ! au centre.*) Oui, Messieurs, l'église plantée sur la place du village assainissait le sol. Autour d'elle la plante humaine se développait dans un air de civilisation. Si vous la jetez bas, aussitôt il semble que les exhalaisons malsaines qu'elle avait étouffées s'élèvent de nouveau. (*Applaudissements au centre et à droite.*)

Plusieurs membres à gauche et à l'extrême gauche. — Pas du tout !

M. MAURICE BARRÈS. — C'est tout de même un chapitre important de l'histoire de la civilisation qui ne peut pas se trancher par des « non » tout court. (*Très bien ! très bien ! au centre.* — *Interruptions et bruit à gauche.*)

M. LE PRÉSIDENT. — Messieurs, veuillez laisser parler l'orateur ; ses vues n'ont rien de blessant et elles sont très intéressantes. (*Très bien ! très bien !*)

M. MAURICE BARRÈS. — Mes chers collègues, vous pouvez accepter le point d'interrogation que je vous pose, sans qu'on vous accuse d'abandonner les idées si précises et si neuves auxquelles vous êtes tout naturellement attachés. (*Très bien ! très bien ! au centre.*)

Vous ne vous compromettez pas en me laissant aller jusqu'au bout de mes explications. (*On rit.*)

Je ne veux d'autre preuve de cette barbarie toute prête à réapparaître que les scènes scandaleuses qui se sont passées à Grisy-Suisnes sur les décombres de la vieille église.

La démolition de cet édifice avait rendu nécessaire l'exhumation des morts que la piété des fidèles y avait déposés. Le maire, qui avait voulu cette destruction, aurait dû se préoccuper que cette besogne s'exécutât avec respect et décence. Il la surveilla, en effet, flanqué de son garde champêtre (*Sourires*), mais c'était qu'il espérait que la pioche des ouvriers mettrait au jour le « trésor des curés », comme il disait.

Des témoins nous ont décrit tout au long les ignominies auxquelles se livrèrent des hommes brutaux, excités par les pourboires de ce chercheur de trésor. On nous les a montrés faisant danser le rigodon aux corps qu'ils déterraient, au milieu des petits enfants accourus de l'école. (*Exclamations.*) Le cœur se soulève de dégoût.

M. JACQUES-LOUIS DUMESNIL. — C'est absolument inexact (1). Comme représentant de Seine-et-Marne, je connais la question et je ne puis laisser passer de telles affirmations sans protester. Je ne mets pas en doute votre parole personnelle, mais j'ai le droit d'infirmer complètement les renseignements qui vous ont été fournis.

M. Maurice Barrès. — Mon cher collègue, je comprends le sentiment auquel vous obéissez, mais les renseignements que j'apporte m'ont été fournis par un journaliste que j'avais moi-même... (*Exclamations à gauche.*)

Je ne vous dis pas que j'y suis allé, mais je vous dis — vous avez tout intérêt à voir comment j'établis mes faits — je vous dis que j'ai vu, le soir même, celui qui a été le témoin de ces faits, qui les a rapportés, et que j'avais engagé le matin même à aller sur les lieux. J'ajoute qu'un essai d'enquête a été tenté par l'administration. On est allé trouver le curé, on espérait qu'il dirait : « Oui, c'est moi qui ai fourni les renseignements. » Mais on s'est gardé d'interroger le journaliste qui, le soir même, au retour de Grisy, a rédigé le compte rendu très précis, très détaillé, de ces scandales et d'une manière bien plus saisissante que je n'ose faire ici.

J'ai fini.

Vous me rendrez cette justice que je ne vous ai apporté aucune considération tirée de la politique de parti, ou de l'apologétique dogmatique. Je me suis placé devant les faits, devant le fait religieux. Il n'est pas permis à des législateurs de ne pas tenir compte d'une réalité. Le sentiment religieux existe ; l'église du village est ce sentiment rendu visible. Ces églises sont idéologiques, les seuls édifices idéologiques qu'ait le peuple, c'est-à-dire chargés uniquement d'idées qui ne représentent pas de la besogne. Respectez donc ces pierres nécessaires au plein épanouissement de l'individu.

Monsieur le Ministre, en dépit de quelques divergences que j'ai saisies au long de ce discours, je vois qu'ils sont nombreux ici ceux qui croient qu'au nom d'une néfaste politique d'un jour, il ne faut pas compromettre quelque chose de séculaire et qui joue un tel rôle dans l'histoire de notre pays et de la civilisation. (*Très bien ! Très bien au centre et à droite.*) Eh bien ! que pensez-vous faire pour protéger ces hautes expressions de la spiritualité française ? Quelles mesures de défense prendrez-vous contre ces nouveaux barbares qui, hier, au sortir de l'encan, traînaient dans les ruisseaux de Grisy, le drap des morts ?

Pour ma part, je suis venu défendre à cette tribune l'église de village au même titre que je défendrais le Collège de France. (*Très bien ! très bien ! au centre et à droite.*)

Messieurs, vous avez reproché à la théologie de mutiler la vie, ne faites pas de même. Vous avez reproché à la conception théologique du monde d'être un cercle trop tôt fermé dans lequel le monde étouffait ; prenez garde à votre tour qu'après avoir prétendu étendre ce cercle jusqu'à lui faire embrasser la totalité de l'univers, vous ne vous laissiez aller, dans un stérile esprit de lutte et de rancune (17), à le fermer trop tôt et à laisser en dehors une grande partie de ce qui est l'aliment de la vie de l'âme. (*Vifs applaudissements au centre, à droite et sur divers bancs à gauche. — L'orateur, en regagnant son banc, reçoit les félicitations de ses amis.*)

NOTE 1

... J'ai adressé, il y a quelques mois, une lettre publique à M. le Président du Conseil.

Cette lettre, la voici :

                                    « Charmes, le 4 janvier 1910.

                « Monsieur le Président du Conseil,

« M. le Maire de Grisy-Suisnes vient de mettre en adjudication l'église de sa commune. On va la démolir. C'est le commencement. D'année en année, nous allons voir les édifices religieux s'écrouler, d'un bout à l'autre de la France.

« Allez-vous assister, les bras croisés, à cette transformation de la face de notre pays ?

« Je vous entends, vous me répondez que c'est la faute du pape. Je ne veux pas entrer dans ce débat. Vous êtes au pouvoir pour sauvegarder toutes les richesses et tous les intérêts français. Nos églises sont au premier rang de nos richesses de civilisation. Nous les avons reçues de nos aïeux, nous devons les transmettre à nos fils, nous n'avons pas à nous laisser étourdir par ceux qui les déclarent inutiles. Tous les hommes de culture en France et à l'Etranger refusent d'admettre qu'il se trouve un gouvernement assez barbare pour détruire ces sources de vie spirituelle. N'allez pas me dire que vous sauvegardez les églises les plus précieuses. Qui donc peut juger de leur prix, et la plus modeste n'est-elle pas infiniment précieuse sur place ? Que m'importe que vous conserviez une église plus belle à Toulouse, si vous jetez bas l'église de mon village ?

« Je ne veux pas croire que vous acceptiez avec indifférence ces débuts d'une ère de vandalisme. Il n'est pas possible que de si grandes choses, qui intéressent l'histoire et l'âme de la France, soient sacrifiées ignoblement au cours d'une querelle politique.

« Je vous demanderai à la rentrée de la Chambre ce que le gouvernement entend faire pour protéger la physionomie architecturale, la figure physique et morale de la terre française. »

NOTE 2

... Des conseils municipaux, non contents de refuser tout argent pour réparer les églises, vont jusqu'à interdire aux catholiques de faire, à leurs frais, ces travaux.

Ces cas de sectarisme semblent plus fréquents chez les radicaux que chez les socialistes.

NOTE 3

M. Germain Périer (Saône-et-Loire). — *Vous êtes mal renseigné en ce qui concerne cette commune ; car la municipalité n'est pas du tout hostile à la réparation de l'église.*

Que M. Germain Périer se renseigne mieux encore. Il saura que le maire de Saint-Gervais en effet n'est pas un adversaire des catholiques, mais que c'est un faible ou un négligent et que le curé n'a pu obtenir de lui qu'il fit procéder à une visite d'architecte. Je le répète : que faut-il faire quand un maire se désintéresse de provoquer une visite d'architecte ? Rien dans la loi ne nous répond. C'est là un des nombreux problèmes de détail qui nous prouvent la nécessité de donner à nos églises une position légale et définie...

M. le Curé de Saint-Gervais écrivit deux lettres à son Conseil municipal pour demander une visite d'architecte. Ses deux lettres restèrent sans réponse. Voici la seconde de ces lettres :

« Décembre 1908.

« Monsieur le Maire, Messieurs les Conseillers,

« Vous connaissez comme moi le mauvais état, la situation même inquiétante de notre vieille église.

« J'ai eu l'honneur souvent verbalement, et même une fois par une lettre restée sans réponse, de vous faire connaître mon opinion personnelle et celle d'architectes compétents.

« J'ai fait refaire une partie de la toiture restée plusieurs années découverte, mais je ne puis, malgré ma bonne volonté et l'intérêt que je porte à ce vieil édifice religieux et aux nombreuses personnes qu'il abrite très souvent, empêcher totalement sa désagrégation.

« Ne sommes-nous pas menacés d'un effroyable accident ?

« Les poutres ne sont plus suffisamment assujetties.

« De nouvelles fentes se sont fait jour.

« Du côté du cimetière : des deux soutiens il n'en reste plus qu'un dans un état pitoyable.

« Je vous avais prié de demander une visite d'architecte. — Pas de réponse. — A qui donc m'adresser ?

« Ma demande est-elle indiscrète, et mes terreurs des illusions ?

« Je vous renouvelle ma prière, et vous demande avec instance de vous souvenir de notre vieille Église, l'orgueil de notre pays et de parer aux tristes éventualités dont elle nous menace.

« Veuillez agréer, Monsieur le Maire et Messieurs les Conseillers, l'expression de mes salutations et de mon dévouement sincère. »

NOTE 4

M. Lenoir. — *Il faudrait que quelqu'un prît la défense du maire.*

M. le Président du Conseil, à côté de qui se trouvaient les Directeurs du Ministère, était tout désigné pour prendre cette défense (soit en m'interrompant, il ne s'en privait pas, soit le lendemain dans sa réplique). Cette défense, il ne l'a pas prise parce que les faits que j'apportais étaient à la fois injustifiables et rigoureusement exacts.

NOTE 5

M. BRIAND. — *Il n'y a eu ni acte illégal, ni œuvre sectaire... Depuis 1898, l'édifice ne servait plus au culte...*

Que M. Briand se renseigne et il saura que depuis 1898 on n'a jamais cessé complètement d'utiliser l'édifice de Brue-Auriac pour la célébration du culte. Et d'ailleurs, quittons ce bas argument de basochien. Pour mesurer l'attachement des catholiques de Brue-Auriac à leur Eglise et la méchanceté de la municipalité, qu'on lise le document officiel sur lequel s'appuie mon affirmation ; qu'on lise cet extrait d'une lettre écrite par Mgr de Fréjus à M. le Sous-Préfet de Brignoles (Var) en date du 18 décembre 1909 :

« Monsieur le Sous-Préfet,

« Vous avez bien voulu déjà porter intérêt au cas étrange de la commune de Brue-Auriac, canton de Barjols, qui par le fait d'une désaffectation illégale — avis préalable n'ayant pas été donné aux intéressés et le décret n'ayant pas été rendu en Conseil d'Etat, ce qui est expressément prescrit par la loi du 9 décembre 1905 — se trouve peut-être la seule en France privée à jamais d'église paroissiale.

« Une famille nullement hostile aux institutions actuelles et très attachée à la population en presque totalité favorable à ce généreux projet, a offert au maire de Brue de se charger de la restauration de l'église (coût sur le devis des architectes : 6.300 francs) et poussant la générosité au delà même de ce que peut permettre une honnête aisance, offre 2.000 francs en sus à la commune pour l'installation d'un bureau de poste.

« ... M. le Maire, sur les bonnes dispositions duquel on avait lieu de compter, car on l'a gracieusement avisé au préalable, vient d'informer les donatrices par lettre du 27 décembre que le Conseil municipal, à l'unanimité, n'accepte la proposition des demoiselles Bon qu'à la condition qu'elles ajoutent à la remise en état de l'église — 6.300 francs — un don de 5.000 fr. pour la construction d'un bureau de poste.

« De la sorte on ne rend à la population son droit au culte que par un marché que je vous laisse à qualifier, tant il blesse à la fois et toutes les convenances administratives et la plus vulgaire équité... »

NOTE 6

M. MAURICE BARRÈS. — *Mon cher collègue, je vous indiquerai ceux qui rapportent le fait.*

Voici la lettre que j'ai reçue de M. Latouche, rédacteur à *l'Éclair*, le 5 décembre 1910 :

« Monsieur et cher Maître,

« Je reçois votre lettre, de retour d'un court voyage en Bourgogne, et je m'empresse de vous répondre. Les propos du Sous-Préfet de Clermont, que j'ai rapportés dans *l'Éclair* du 27 juin, m'ont été répétés et certifiés par plusieurs habitants de Cinqueux où je suis allé faire une enquête sur place. Une délégation de quatre ou cinq habitants avait été le voir pour lui dire : « Nous avons réuni des fonds pour tirer « parti, moyennant certaines réparations, de ce qui reste encore de l'église. » Le sous-préfet, peu pressé, peu désireux d'autoriser et de permettre les travaux, leur répondit agacé : « De quoi vous plaignez-vous ? Je vous ai fait des ruines curieuses. Mettez un tourniquet. Les étrangers viendront les voir. Faites payer un droit et vous aurez de l'argent. »

« Vous pouvez hardiment maintenir l'exactitude de ces paroles entendues par plusieurs personnes et répétées dans le village de Cinqueux. Il y a des gens qui en témoigneraient... »

NOTE 7

... Je sais à quel monstre de souplesse j'ai affaire...

M. Briand ! Dans les deux lettres publiques qu'il m'a écrites et dans sa réplique à mon discours, il s'enveloppe de clartés éblouissantes au travers desquelles on distingue mal sa solidité. Est-ce un esprit qui se forme chaque jour, qui en faisant la séparation a appris à connaître la raison d'être de la religion et qui veut ménager à l'Église sa place ? Est-ce un ennemi de la religion et de l'Église qui, après un temps d'arrêt, reprendra le cours de ses destructions, un habile ennemi qui veut procéder petit à petit, en évitant des heurts trop durs ? Je ne le sais pas et peut-être que lui-même l'ignore. Peut-être n'est-il ni cet homme entêté, ni cet homme éclairé, mais un troisième personnage qui fera selon les circonstances...

Du reste n'allons pas trop compliquer l'énigme. Une chose est claire et nous avons le secret de cette insaisissable faiblesse. Avec la plupart des radicaux, radicaux-socialistes et socialistes, M. Briand ne se doute pas de ce qu'est la vraie religion. Ces messieurs croient de bonne foi que c'est un ensemble de superstitions : ils ignorent, ils ne voient pas qu'elle correspond à des besoins réels.

NOTE 8

... Voilà quelques-uns des mille épisodes du grand fait qui est voulu, préparé par quelques-uns : la démolition de nos églises.

Nos maniaques, dans leur fureur, ne s'en prennent pas aux seules églises : une chapelle, un cloître, un calvaire, un reliquaire du Moyen âge leur soulèvent le cœur. Quand on a lu *Nos églises sont en danger*, l'excellent exposé de situation qui a été dressé par MM. Auvray et Roger Duguet, il faut le compléter par le vigoureux réquisitoire que Georges Grosjean publie sous ce titre : *Pour l'art contre les vandales*. Voilà deux appels à l'intelligence française. Puissent les intellectuels feuilleter ces recueils de documents inouïs. Ils ne pourront pas plus que nous se soustraire à l'horreur que tout homme civilisé ressent devant certaines municipalités sauvages. Et, par exemple, Grosjean nous donne à respirer une lettre que je ne veux pas garder sous mon nez. Je la passe au lecteur. Tâchons de rire de cette sottise puante.

Dans une commune du Sud-Est, il y avait une chapelle romane d'un joli style que la municipalité voulait abattre. Le Comité des sites et monuments pittoresques, désireux de conserver au pays et aux touristes ce gracieux édifice, fit une démarche auprès du maire, qui lui répondit : « Monsieur, j'ai l'honneur de vous informer qu'en effet... les dispositions sont prises afin de faire s'effondrer la vieille chapelle avec quatre cartouches de dynamite... Elle est, comme vous le dites, un patrimoine de nos ancêtres, mais elle nous rappelle des époques où nos pères ont dû subir le joug d'un clergé autoritaire et cruel. Songez donc ! Elle date, paraît-il, du douzième siècle ; elle a vu l'époque de l'Inquisition, de la Saint-Barthélemy et des Dragonnades... »

Seigneur, pourquoi les faites-vous si bêtes ?

NOTE 9

Je me demandais si l'honneur de défendre les églises, je ne devais pas le laisser à ces collègues qui appartiennent à un parti confessionnel.

La défense des églises est d'intérêt national et même d'ordre universel.

A cette heure, « l'anticléricalisme vulgaire des réunions publiques » soulève le dégoût de toutes les intelligences. Le *Socialisme* (journal que dirige Jules Guesde) le constate très nettement : « Le scandale des liquidations, écrit un de ses rédacteurs, M. René Cabanes, ce scandale où les francs-maçons notoires se sont enrichis, n'est pas fait pour attiédir le zèle des catholiques, mais bien pour désarmer la volonté combattive des anticléricaux sincères et simples. Dans l'opinion publique, il a provoqué une détente dont bénéficient les persécutés d'hier. »

J'entends bien que le *Socialisme*, quand il dénonce ce scandale des liquidations, n'y cherche qu'un argument contre « la stérilité de l'effort anticlérical bourgeois » et qu'il ne songe pas à prendre l'Eglise sous sa protection. Mais je continue de feuilleter ce même numéro du *Socialisme* et j'y lis une nécrologie d'une révolutionnaire russe, qui se termine par ces mots : « Ce qui est mortel de notre amie repose dans le cimetière Montparnasse. » Mots saisissants et qui donnent à réfléchir. Comment n'y pas sentir une conception de la vie et de la destinée étroitement apparentée avec les notions de sacrifice et de sainteté que l'on prêche depuis dix-neuf siècles dans nos églises ?

Je suis sûr qu'une heure viendra où des hommes, qui ont cru qu'ils favorisaient les œuvres de la raison en humiliant les œuvres de la foi, s'apercevront que la raison et la foi ne peuvent être séparées. Ils diront : « Nous ne faisons rien de bon si nous diminuons les puissances de vénération dans ce pays ; toute civilisation a besoin, pour vivre et sauvegarder ses plus hautes idées, que la notion du respect demeure dans les âmes. »

A de certains instants, cette pensée, comme une phrase musicale qui se montre et se dérobe, apparaît au milieu de l'immense symphonie orchestrale que Jaurès, à lui tout seul, déchaîne sur une assemblée dont il se charge monstrueusement d'exprimer les thèmes les plus divers. L'autre jour, il m'a reproché assez drôlement de paraître croire que j'ai un droit de pensée, un privilège sur les cathédrales. Il se pique de les admirer. Nul ne s'en étonne. Mais alors, qu'il fasse ce qu'il faut pour qu'elles subsistent, et pour qu'elles subsistent avec leur contenu, avec leur culte, car une église désaffectée, sans fidèles, sans prières, sans l'eucharistie, se meurt et bientôt ne sera plus qu'un coûteux embarras.

Je m'adresse aux artistes, sculpteurs, peintres, verriers, orfèvres, qui furent toujours les collaborateurs, les décorateurs du catholicisme. Laisseront-ils mépriser, ruiner leurs modèles et leurs propres ouvrages ? Je m'adresse aux écrivains. Déjà, du royaume de la littérature pure et d'un monde éloigné de toute politique, certaines voix dispersées s'élèvent : un Peladan qui lance un appel aux maires de France et leur dénombre les raisons laïques qu'ils peuvent avoir d'aimer leur clocher ; les frères Tharaud, qui ne veulent pas qu'on détourne Solesmes de sa destinée naturelle ; un Émile Bernard, dont la revue *La Rénovation esthétique*, s'est justement donné pour mission de glorifier les attaches de notre art avec notre sol et qui pèlerine en Bourgogne, d'église en église menacée, pour nous signaler leur péril. Que demain ils soient légion, ces défenseurs de l'éternel ; qu'ils disent que nos églises sont au premier rang de nos richesses de civilisation ; qu'ils défendent que les Barbares détruisent ces sources de vie spirituelle.

Il s'agit d'obtenir que l'intelligence française réagisse sous des coups qui, sans la viser directement, l'atteignent. C'est aux intellectuels, à cette heure, de prendre garde et de défendre l'Esprit contre la Bête. Ils doivent faire tout haut leur examen de conscience, se demander et dire s'ils veulent rester seuls au village en face du café de l'Univers.

Ces mêmes jeunes troupes désintéressées qui auraient, à d'autres moments, combattu, rejeté un catholicisme oppressif, s'irritent, sont écœurées des insipides déclamations de l'anticléricalisme. Elles n'acceptent pas que l'on travaille à tarir les vieilles sources de la France. Elles se rassemblent d'instinct pour faire face à la Barbarie.

Que de signes favorables dans la plus récente production littéraire ? Que de livres où je trouve, s'élevant plus ou moins haut, la grande flamme spirituelle que le café de l'Univers ne voit pas et que nous serions bien imprévoyants, nous autres, artistes et gens de lettres, de ne pas protéger, car c'est dans son rayonnement que nous pouvons le mieux poursuivre tous nos songes. C'est autour de cette flamme que la tribu primitive s'étendait pour dormir : elle irrite la Bête, mais la tient à distance.

NOTE 10

C'est votre thèse que l'homme a droit à l'épanouissement de toutes ses facultés.

Dans nos communes, telles que nous les ont faites les siècles, l'individu trouve sa nourriture complète. Toutes les parties de son âme y sont cultivées. Pour nous en convaincre, allons au village. C'est un milieu assez simple et que chacun de nous connaît bien. L'être humain y est formé par les exemples du foyer, par les habitudes du travail, par les leçons de l'école, par l'enseignement et l'atmosphère de l'église. Rien de tout cela n'est mauvais. Si je me remémore les bruits qui nous sont familiers, les bruits qui montent du village, il n'en est aucun qui ne me paraisse salubre. J'écoute le bruit de la forge, le raclement de la chaîne sur la mangeoire, le piétinement du troupeau, les mélopées de l'école, les causeries du foyer, le son de la cloche, et je ne fais pas fi du tintement des verres au cabaret, ou, dans le Midi, du choc des quilles renversées par la boule sur la promenade. Tous ces bruits d'inégale importance montent, se réunissent, se confondent. C'est la rumeur du village français. Je l'accepte dans sa totalité. Pour moi, c'est une harmonie. Tout y est vrai, créé par le temps, chargé de sens. C'est la somme des expériences accumulées des générations. Mais l'église y gêne quelques-uns, ils veulent la détruire. Ils croient pouvoir la remplacer par l'école. Ils disent : « L'Église, c'est la foi ; l'école, c'est la science. » Et ils ajoutent que la science peut suffire à former l'homme. Erreur essentielle. Connaissez mieux la nature humaine, celle des simples et celle des plus grands : il y a dans l'âme un fond mystérieux et qui ne trouve sa satisfaction que dans ce phénomène, mystérieux lui-même, qu'on appelle la croyance.

NOTE 11

L'école de demain complétée...

Parfois, quand j'écoute M. Buisson nous faire le tableau de cette école de l'avenir, j'en arrive à me dire avec admiration : « Ah ! quel bonheur ! d'ici peu nous aurons élevé tous les Français à l'élite ! »

NOTE 12

Le gémissement d'une vieille femme agenouillée... est du même accent... que la méditation du savant ou du poète.

Les plus grands artistes, les plus profonds philosophes ne peuvent rien faire de mieux que d'atteindre, chacun dans leur ordre, à cette même soumission, à cette même paix du cœur devant les lois de l'univers ou devant les volontés de Dieu (c'est tout un).

NOTE 13

Ces grands états d'émotivité religieuse, vous croyez pouvoir les dédaigner.

Et ce dédain, peut-être, vous gonfle de satisfaction. On m'affirme que le Moujick russe éprouve encore cette joie quand il se dégage de ses croyances rudimentaires. Cette joie, j'ai pu la vérifier, par mon expérience propre, il y a vingt-cinq ans, chez des étudiants en médecine de première année.

On m'assure qu'à la Martinique, le jour du Vendredi-Saint, les nègres crucifient un cochon et que le dimanche de Pâques ils donnent la chasse au pachyderme ressuscité. Ils en éprouvent, dit-on, une immense ivresse de libre-pensée. Je songeais à ce trait de mœurs exotiques en contemplant, depuis la tribune, certaines bamboulas qui comptaient mon discours et par exemple la joie radicale que suscita l'honorable M. Beauquier en me répondant, le 17 janvier 1911, au matin : « Puisque Dieu est tout-puissant, il peut bien réparer ses églises... »

NOTE 14

Où trouverons-nous, si l'Église est brisée, cette satisfaction qu'elle donnait à l'inquiétude mystique...

J'entends bien qu'un certain nombre des adversaires de l'église ne pouvant pas nier qu'il y a dans l'humanité un besoin religieux nous disent : Soit ! nous aurons une religion, mais une religion nouvelle. Dès maintenant, il y a chez nous, déclare M. Jaurès, aux applaudissements de la majorité, autre chose que la survivance des anciennes croyances : il y a dans notre effervescence démocratique l'attestation d'une croyance nouvelle... Mais M. Augagneur, dans le banquet annuel de l'Association Nationale des Libres Penseurs, affirme que « désormais la guerre est entre ceux qui croient et ceux qui ne croient pas » et qu' « il faut s'attaquer à l'idée religieuse elle-même ».

Sur cette question de la nécessité de tenir compte du sentiment religieux, les radicaux, radicaux-socialistes et socialistes sont profondément divisés. Il faudra qu'ils s'expliquent ; il faudra que nous sachions ceux qui ont reconnu en eux et dans l'humanité le sentiment du divin et ceux qui nient l'y découvrir. Et ceux qui ont reconnu la réalité de ce sentiment, il faudra qu'ils nous disent comment ils entendent le satisfaire... En tout cas ces derniers se rendent bien compte qu'une pareille entreprise, si elle doit aboutir, sera l'œuvre de plusieurs générations. Rappelez-vous le temps, les travaux, les laboratoires nécessaires pour établir une loi d'ensemble en physique. Que sera-ce pour établir un ordre immense qui doit régner sur toutes les puissances religieuses de notre être ? Ah ! nous ne sommes plus au temps où l'on pouvait, comme un Michelet, comme un Quinet, croire que la maison allait être en rien de temps reconstruite ! Eh bien ! en attendant ce nouvel et problématique édifice, allons-nous laisser plusieurs générations exposées à toutes les intempéries ?

NOTE 15

... Le simple fait que ces murailles chargées de sensibilité orientent la pensée est un élément inappréciable de la philosophie du village.

Le plus souvent, l'église satisfait un besoin senti. Ne fût-il pas senti, ce besoin existe. Et s'il n'y a plus d'église, le village, presque à son insu, va travailler à la rebâtir... Vous me dites que l'église se meurt, que vous avez entendu ses derniers chants et que vous ne les avez pas compris. Erreur ou mensonge. Mais ne restât-il qu'un fidèle, il faudrait la maintenir. N'en restât-il plus, il le faudrait encore, car elle revivra demain.

Ce n'est pas un argument que de dire : Ainsi l'a voulu la majorité d'un conseil municipal. Il n'est pas permis à une génération de détruire les richesses, les ressources du sol où elle est campée, pas plus qu'il n'est permis à une caravane de souiller ou de combler le puits auprès duquel elle vient de passer la nuit et qu'elle quittera à la prochaine aurore.

NOTE 16

M. JACQUES-LOUIS DUMESNIL. — *C'est absolument inexact.*

Voici le témoignage d'un journaliste de talent, M. Jean Clair-Guyot, qui a vu, de ses yeux vu, les faits scandaleux qu'il rapporte :

« Les faits scandaleux de Grisy-Suisnes rapportés à la tribune par M. Barrès sont rigoureusement exacts. J'en ai été le témoin. Je les ai rapportés moi-même fidèlement dans l'*Echo de Paris*. L'administration s'en est émue. Il y a même eu un début d'enquête. Et quelle enquête ! On a commencé par le curé ; on a voulu l'intimider en lui faisant déclarer qu'il était mon informateur. Quand on a su dans Grisy que c'était bien moi qui de mes yeux avais vu, on s'est gardé de me convoquer, et l'enquête en est restée là ! »

NOTE 17

Prenez garde... que vous ne vous laissiez aller dans un stérile esprit de lutte et de rancune...

Que leur reprochez-vous à ces hauts murs qui se dressent au milieu du village ? Supposons qu'à une époque, qui est pourtant bien lointaine, leur ombre ait été trop grande sur le village... Aujourd'hui qui, de bonne foi, peut prétendre qu'elle le gêne ?

A cette défense des églises, il faudra, je le pressens, revenir bien des fois. C'est successivement que nous en traiterons les divers aspects, et c'est après avoir fait comprendre et sentir le péril où la loi de séparation a jeté notre admirable et immense floraison d'églises que nous pourrons, appuyés sur toute l'opinion, obtenir du gouvernement des garanties et des précautions qui rendent impossible la dévastation systématique.

Nous n'avons rien fait par notre intervention que jeter de la lumière pour les plus aveugles sur la réalité du péril où sont les églises de France. Tout reste à faire et tout dépend de la force, de la clarté et de la continuité avec lesquelles les Français, amis de leurs églises, exprimeront leurs angoisses et leur volonté.

Il faut que nos églises obtiennent ce que nos maîtres leur refusent : une position légale et définie, la sécurité. Continuons donc et redoublons. Ce que l'on a bien vu au cours de mon discours et dans la réplique de M. Briand, c'est l'effort du président du Conseil pour contester la signification et le nombre des cas exemplaires que j'apportais devant la Chambre à titre d'échantillons et qui prouvent les haines barbares ameutées contre les églises de France. Quoique les faits et l'intention ne soient que trop évidents, les ennemis des églises nient, afin de nous endormir, qu'il y ait un plan de destruction. Eh bien ! affichons partout et complétons chaque jour le tableau, la carte des églises en péril. Prouvons surabondamment qu'il existe, ce trop réel péril, que tentent seuls de nier ceux qui s'en réjouissent. Que tous les Français demandent aux feuilles qu'ils lisent de surveiller et de dénoncer les offenses subies par nos églises. On voudrait que toute publication patriote entrât dans cette voie, ne laissât plus aux Vandales la cynique licence de nier la ruine.

Paris. — Imprimerie de la Presse, 16, rue du Croissant — V SIMART, Imp.